www.ingramcontent.com/pod-product-compliance
Lightning Source LLC
Chambersburg PA
CBHW041951140726
48006CB00004BA/1181

© واحة الحكايات للنشر والتوزيع
الإمارات العربية المتحدة
واحة دبي للسليكون
Wahat Alhekayat publishing
and distribution
Dubai - UAE

UAE: 0097143336366
00971504599804
00971558236687
E: info@wahatalhekayat.com
متجر واحة الحكايات
www.wahatalhekayat.com
أكاديمية واحة الحكايات
مكتبة إلكترونية ومنصة تعليمية
www.wahatalhekayat.academy

سلسلة لكل حرف حكاية
قصة: وسط الأوراق
تأليف: صفاء عزمي
رسوم: زينة المسيري
ISBN 9789948097143
حقوق الطبع محفوظة

أكاديمية واحة الحكايات

متجر واحة الحكايات

وسط الأوراق

تأليف: صفاء عزمي

رسوم: زينة المسيري

سلسلة لكل حرف حكاية:

- مجموعة مكونة من 28 قصة مرتبة تبعا لترتيب ترتيبُ واحةِ الحِكاياتِ للحُروف العربية

تمَّ ترتيبُ الحُروفِ العربيَّةِ ترتيبًا جديدًا (أ ن ب ر و هـ ز ... غ)، وهُوَ ترتيبٌ خاصٌّ بواحةِ الحِكاياتِ، ومُستوحًى منَ التَّرتيبِ الأبجِديّ (أ ب ج د هـ و ز... غ).

- تمَّ تقسيمُ الحُروفِ (28 حرفًا) إلى 7 مجموعاتٍ (كلُّ مجموعةٍ 4 حروف).

- تمَّ اختيارُ الحُروفِ الأربعةِ في كلِّ مجموعةٍ على أساسِ سُهولةِ التَّمييزِ فيما بينَها، منْ ناحيةِ الشَّكلِ والنِّقاطِ على الحَرفِ، وذلكَ تمهيدًا لتقديمِ ومُراجعةِ كُلَّ 4 حُروفٍ و 4 قصصٍ في فترةٍ زمنيَّةٍ مُتقاربة.

- كما تمَّ اختيارُ بعضِ الحُروفِ منَ الكلماتِ الأكثرِ شيوعًا في مرحلةِ الرَّوضةِ والصفَّ الأوَّلِ، مثل: (أنا- هُـو- هي- هُنا- هُناك- كانَ- لا- لي- لَعِب- رَسْم)، ووضْعُها في مكانٍ متقدِّمٍ من ترتيب واحةِ الحِكاياتِ، وأيضًا اختيارُ الحُروفِ الأكثرِ استعمالًا في اللُّغةِ العربيَّةِ، ووضْعُها في مكانٍ مُتقدِّمٍ منْ ترتيبِ واحةِ الحِكايات.

أ ن ب ر و هـ ز ك ل ي م ض د ت خ ص د ج س ذ ف ح ع ق ط ظ ش ث غ

وَجَدَ وَجْدي
صَخْرةً كَبيرةً
وَسَطَ الأوْراقِ...

وَضَعَ الفُرْشاةَ في دَلْوِ الألوانِ...
وراحَ يَرْسُمُ عَلى أَكْـبَرِ
صَخْـرَةٍ وَجَدَها في المَكانِ.

راحَتِ الوَزَّةُ تَصيحُ وتُنادي: أبْعِدِ الفُرْشـاةَ والدَّلْوَ وكُلَّ الأشْياءِ.. ولَكِنَّ وَجْدي لَمْ يَفْهَمِ النِّداءَ، ولـمْ يُبْعِدِ الفُرْشاةَ والدَّلْوَ والأشْياءَ.

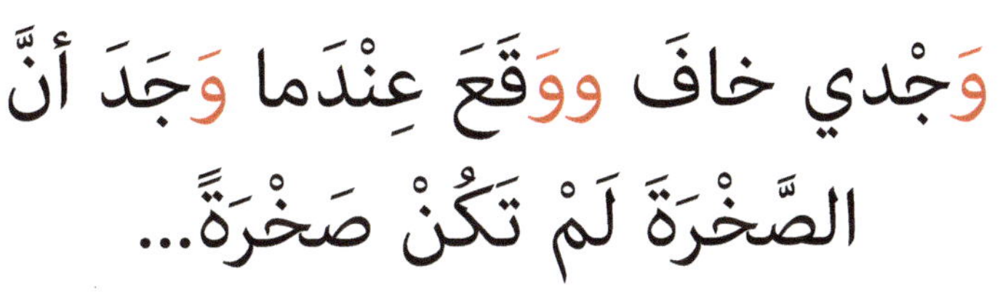

وَجْدي خافَ ووَقَعَ عِنْدَما وَجَدَ أنَّ الصَّخْرَةَ لَمْ تَكُنْ صَخْرَةً...

كانَ لَها رَأْسٌ وأنْفٌ وقَـرْنٌ وساقٌ... وصَوْتٌ قَوِيٌّ مَلَأَ الآفاقَ.

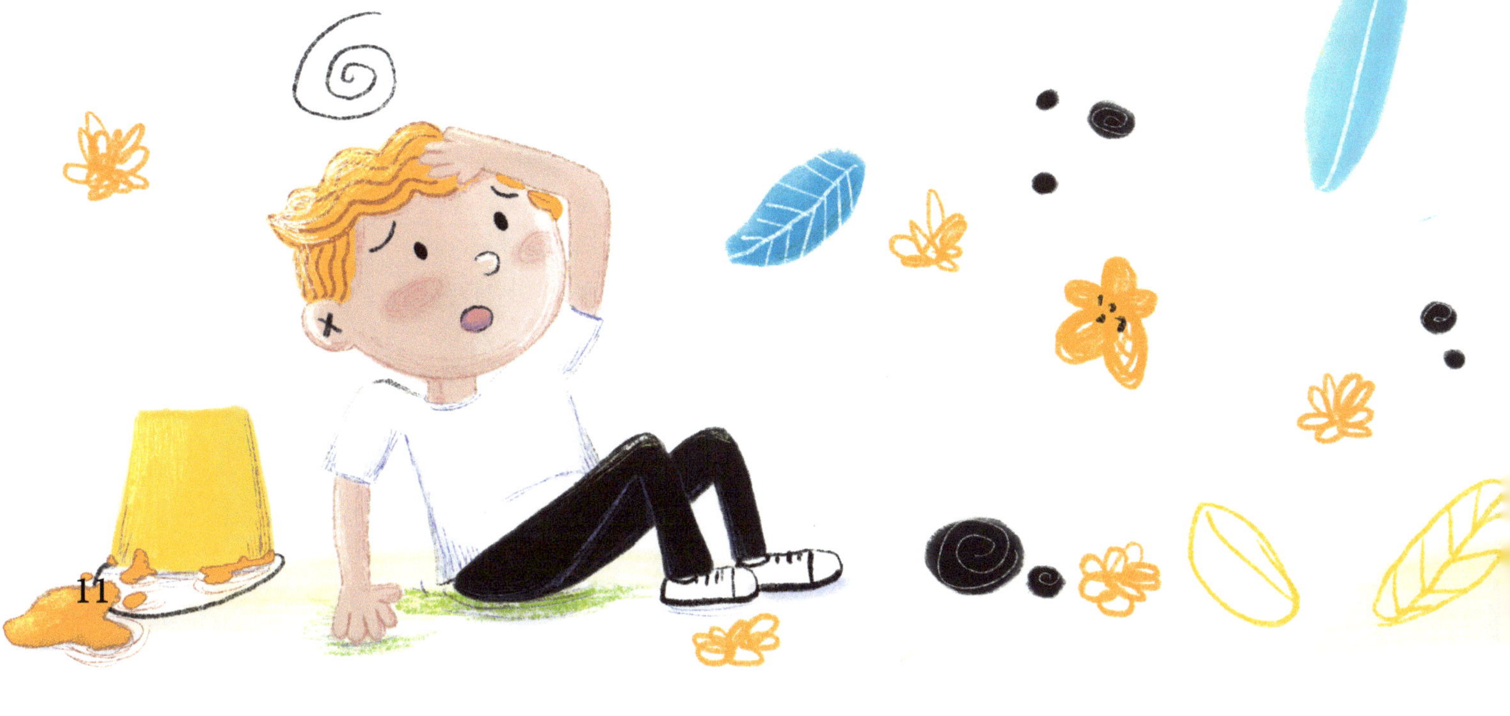

وَحيـدُ القَرْنِ وقَفَ في المَكانِ... يَنْـظُرُ إلى وَجْـدي بِحَنـانٍ...

ثُمَّ نَظَــرَ في الـمِرْآةِ،
وقالَ: شَكْـلي جَميلٌ...
هَذا يَوْمٌ لَنْ أنْساهُ.

وقالَـتِ الوَزَّةُ: وأنا أيْضًا لَنْ أنْساهُ.

وقالَ وَجْدي: وأنا أيْضًا لَنْ أنْساهُ.

نِقاشٌ: لِماذا كانَ وَحيدُ القَرْنِ سَعيدًا عِنْدَما نَظَرَ في المِرْآةِ؟

تَفْكيرٌ: لِماذا يُسَمَّى وَحيدُ القَرْنِ بِهَذا الاسْمِ؟

تَأَمُّلٌ: في صَفْحَةِ (15-14) يوجَدُ عَلَى جِسْمِ وَحيدِ القَرْنِ حَرْفٌ، ما هُوَ؟

اِقْتِراحٌ: أَقْتَرِحُ اسمًا لِحَيَوانِ وَحيدِ القَرْنِ، واسمًا لِلْوَزَّةِ.

وَصْفٌ: أَبْحَثُ عَنْ حَيَوانٍ أَليفٍ يُعْجِبُني، وأَصِفُهُ بِعِدَّةِ كَلِماتٍ...
مِثالٌ: كَلْبٌ لَطيفٌ، أَبْيَضُ، سَريعٌ...

أفْكارٌ لِلأُسْرَةِ والمُعَلِّم

- في الصَّفْحَةِ المُقابِلَةِ، نَجِدُ مَجْموعَةً مِنَ الأفْكارِ الَّتي تُساعِدُ عَلَى تَنْمِيةِ مَهاراتٍ أساسِيَّةٍ لَدَى الطِّفْلِ، مِثْلَ: القُدْرَةِ عَلَى النِّقاشِ والتَّفْكيرِ التَّحليلي النّاقِدِ، وقُوَّةِ الـمُلاحَظَةِ، والتَّواصُلِ، والإبْداعِ.

يُمْكِنُ أَنْ نأخُذَ بِهَذِهِ الأفْكارِ، جَميعِها أوْ بَعْضِها.

- يُمْكِنُ أَنْ نُكَرِّرَ قِراءَةَ القِصَّةِ، وفي كُلِّ مَرَّةٍ نَخْتارُ بَعْضَ الأفْكارِ لِنُناقِشَها.

- إذا أَحَسَّ الطِّفْلُ بالنُّعاسِ أثْناءَ القِصَّةِ، مِنَ الأفْضَلِ أَنْ نَتَوَقَّفَ ونُكْمِلَ القِصَّةَ لاحِقًا.

- في بَعْضِ الأحْيانِ يُجيبُ الطِّفْلُ عَلَى النِّقاشِ بـ«نَعَمْ» أوْ «لا»، أوْ بِكَلِمَةٍ واحِدَةٍ. في هَـذِهِ الحالَةِ أُعْطي الطِّفْلَ بَعْضَ الوَقْتِ؛ كَيْ يَبْحَثَ عَنْ جُمْلَةٍ أوْ فِكْرَةٍ، ويُمْكِنُ أَنْ أُحَفِّزَهُ عَلَى الاسْتِمْرارِ في الحَديثِ بِكَلِماتٍ مِثْلَ: أحْسَنْتَ، رُبَّما، لِماذا؟ كَيْفَ؟ أيْنَ؟ هَلْ تُحِبُّ؟ هَلْ تَعْتَقِدُ؟

- الهَدَفُ مِنْ هَذِهِ القِصَصِ لَيْسَ فَقَطِ الاسْتِمْتاعَ بالقِراءَةِ، وتَعَلُّمَ الحُروفِ، ولكِنَّهُ أيْضًا رَبْطُ أحْداثِ القِصَّةِ والشَّخْصِيّاتِ والأماكِنِ بعالَمِ الطِّفْلِ، وتَنْمِيَةُ هِواياتِهِ وقُدْرَتِهِ عَلَى التَّعْبيرِ.